Holzlatten-Figuren

für Herbst und Winter zaubern ein stimmungsvolles Ambiente, vor allem in Kombination mit Lichterketten und Laternen. Rustikales und Dekorationen im amerikanischen Landhausstil aus verschiedenen Holzlatten und -leisten werden mit Metall und Naturmaterial harmonisch kombiniert und mit natürlichen, gedeckten Farben gestaltet. Ich hoffe, dass auch Sie durch mein Buch motiviert werden, viele Lattendekorationen herzustellen.

Viel Spaß beim Dekorieren!

Ihre

Gudrun Kander

Die Motive lassen sich in folgende Schwierigkeitsgrade unterteilen:

● ○ ○ einfach ● ● ○ etwas schwieriger ● ● ● anspruchsvoll

GRUNDAUS-STATTUNG

- Laub- bzw. Dekupiersäge
- Handbohrer oder elektrische Bohrmaschine
- Holzsägeblätter, fein und grob
- Holzbohrer, ø 2 mm, 5 mm, 6 mm und 8 mm
- Schmirgelpapier, mittel und fein
- Feile
- Pinsel
- Holzleim
- Schraubzwinge
- Hammer
- ggf. Schwingschleifer
- Kohlepapier
- Prägestift
- Bleistift
- Klebefilm
- Malschwamm
- Buntstift in Rot
- wasserfester Filzstift in Schwarz
- Seitenschneider oder Kneifzange
- Rundzange
- Rundhölzer oder Schaschlikspieß
- Wattestäbchen

Material- und Arbeitshinweise

Die Modelle in diesem Buch sind aus unterschiedlichen Leisten gearbeitet. Sie können drinnen und draußen aufgestellt werden. Zunächst einmal eine umfassende Erläuterung der Arbeitstechnik und eine Übersicht der dafür erforderlichen Werkzeuge und Materialien.

Holzarbeiten allgemein

Die Kiefernleisten können verschiedene Stärken und Breiten haben. Das Pappelsperrholz kann 4 mm bis 6 mm stark sein. Es können jedoch auch andere Hölzer beliebiger Stärken verwendet werden.

Herstellung des Lattenrohlings

Die Leisten gleichmäßig im Abstand von ca. 5 mm parallel nebeneinander legen und die Verbindungsleisten in gleichmäßigem Abstand mit Holzleim aufkleben. Den Kleber mindestens 30 Minuten lang trocknen lassen.

Vorlagen übertragen

Die Motive vom Vorlagenbogen mit Kohle- oder Pauspapier direkt auf den Lattenrohling übertragen. Hierfür das Pauspapier und die Motivvorlage übereinander auf das Holz legen und die Konturen mit einem Bleistift oder Prägestift nachziehen.

Sägen und Feinarbeit

Das Motiv entlang der durchgepausten Linien aussägen. Je stärker das Holz ist, desto gröber muss das Sägeblatt sein.

Nach dem Aussägen die Schnittkanten fein schleifen. Zuerst mit einer Holzfeile glätten und anschließend mit Schmirgelpapier unter leichtem Druck die Kanten säubern.

Befestigung der Fußbretter

Das Fußbrett an markierter Stelle mit einem Bohrer, ø 1,5 oder 2 mm, durchbohren. Um die Schraubenköpfe versenken zu können, mit einem Bohrer (ø 6 mm bis 8 mm je nach Schraubenkopfgröße) die kleinen Löcher 5 mm tief verbreitern. Beim Eindrehen der Schrauben verschwindet der Kopf in der Bohrung.

Drahtspiralen

Für Drahtspiralen die Enden des Drahtabschnittes über ein Rundholz, einen Schaschlikspieß, eine Stricknadel oder einen Bleistift wickeln. Das Hilfswerkzeug entfernen und die entstandene Spirale nach Wunsch auseinander ziehen. Die Drähte evtl. nur mit einer Rundzange biegen. Bei Drahtverbindungen den Draht durch die Bohrungen der Teile ziehen, die miteinander verbunden werden sollen. Die Drahtenden miteinander verdrehen (verrödeln).

Lichterketten

Die Birnchen der Lichterketten weichen im Durchmesser voneinander ab. Am besten Probebohrungen vornehmen. Zu kleine Bohrlöcher mit einem Schmirgelpapierröllchen vergrößern. Bei zu großen Löchern Klebefilm um die Lämpchen wickeln.

Farbliche Gestaltung

Acrylfarben für den Innen- und Außenbereich sind gut deckend und trocknen schnell. Folgende Techniken sind typisch für den rustikalen Country-Style:

- Die Acrylfarben in verschiedenen Nuancen nass ineinander malen. Nach dem Trocknen die Kanten abschleifen. Hierfür ist ein Schwingschleifer sehr hilfreich. Acrylfarben für den Innenbereich zusätzlich mit Klarlack versiegeln, damit die Figuren draußen stehen können.

- Das Holz in der hellsten Farbe laut Arbeitsbeschreibung grundieren. Ist der Untergrund getrocknet, ein Schwämmchen für den weiteren Farbauftrag verwenden. Den Flächen durch Auftupfen oder Verwischen weiterer Farben Strukturen geben.

Drachen

→ flieg hoch!

MOTIVHÖHE
50 cm

MATERIAL
- 9 Holzleisten, 6 mm x 1,7 cm, 30 cm lang
- 5 Holzleisten, 2 mm x 1 cm, 19 cm lang (Verbindung)
- Pappelsperrholz, 5 mm stark, 15 cm x 20 cm
- Acrylfarbe in Elfenbein, Grün, Gelb, Dunkelorange und Schwarz
- geglühter Bindedraht, ø 0,65 mm, 2,50 m lang

VORLAGENBOGEN 1A

1 Aus den Holzleisten den Lattenrohling herstellen.

2 Den Drachen vom Vorlagenbogen auf den Rohling und die Schleifen auf das Pappelsperrholz übertragen.

3 Alle Teile aussägen und die Kanten versäubern. Alle Bohrungen vornehmen.

4 Den Drachen in Gelb anmalen und in die nasse Farbe Dunkelorange hineinziehen. Mit dem Schwamm in Elfenbein überwischen. Die Schleifen und das Gesicht anmalen. Die Punkte mit einem Wattestäbchen auftupfen.

5 Drei Schleifen auf den Drachen leimen. An der oberen Schleife 50 cm Draht als Aufhänger befestigen und die Enden zu Spiralen formen. Vier Drahtspiralen aus je 50 cm Bindedraht herstellen und die Schwanzschleifen damit verbinden. Den Schwanz am Drachen befestigen.

Tipp: Sie können den Drachen auch als Stecker arbeiten. Lassen Sie den Aufhänger weg und befestigen Sie stattdessen einen 50 cm langen Rundstab (ø 8 mm) am Drachen.

Kürbis mit Fledermäusen

→ helles Halloween

MOTIVHÖHE
33 cm

MATERIAL
- 6 Kiefernleisten, 7 mm x 4,2 cm, 33 cm lang
- 4 Kiefernleisten, 3 mm x 1 cm, 30 cm lang (Verbindung)
- Kiefernleiste, 1,2 cm x 1,2 cm, 9,5 cm lang
- Holzbrett (Fuß), 1,9 cm stark, 10,5 cm x 23,5 cm
- Pappelsperrholz, 5 mm stark, 13 cm x 15 cm
- Acrylfarbe in Elfenbein, Gelb, Dunkelorange, Grün und Schwarz
- geglühter Bindedraht, ø 1,65 mm, 1 m lang
- 30er Lichterkette
- 2 Schrauben, ø 2 mm, 2,5 cm lang

VORLAGENBOGEN 1B

1 Aus den Leisten den Lattenrohling herstellen.

2 Den Kürbis vom Vorlagenbogen auf den Lattenrohling übertragen. Die Fledermäuse auf Pappelsperrholz übertragen.

3 Alle Teile aussägen, schleifen und die Bohrungen vornehmen.

4 Die Teile gemäß Abbildung anmalen. Den Kürbis in Gelb anmalen und in die nasse Farbe Dunkelorange hineinziehen. Die Fledermäuse mit dem Schwamm in Elfenbein überwischen und die Kanten anschleifen.

5 Aus je 50 cm Bindedraht eine Spirale drehen, Fledermäuse darauf stecken und mit dem Kürbis verbinden. Die dritte Fledermaus aufleimen. Die Lämpchen in die Bohrungen stecken.

6 Die Kiefernleiste, 1,2 cm x 1,2 cm, von der Rückseite an den unteren Kürbisrand leimen. Den Fuß anschrauben.

Tipp: Zählen Sie bei Ihrer 30er Lichterkette die Lämpchen ab, bevor Sie die Bohrungen vornehmen. Manche Lichterketten haben zu wenig Lämpchen. Notfalls das dreißigste Bohrloch mit einer Fledermaus verdecken.

Hexenzauber

→ mit Ringelsockencharme

MOTIVHÖHE
33 cm

MATERIAL
- 5 Kiefernleisten, 7 mm x 4,2 cm, 33 cm lang
- 4 Kiefernleisten, 3 mm x 1 cm, 18 cm lang (Verbindung)
- Pappelsperrholz, 5 mm stark, 20 cm x 20 cm
- Acrylfarbe in Elfenbein, Gelb, Zimt, Dunkelorange, Hellgrün, Dunkelgrün, Rostrot und Schwarz
- geglühter Bindedraht, ø 0,65 mm, 1 m lang
- 2 Knöpfe in Braun, ø 1,8 cm
- Bast in Natur

VORLAGENBOGEN
2 A

1 Aus den Leisten den Lattenrohling herstellen.

2 Die Hexe vom Vorlagenbogen auf den Lattenrohling übertragen. Die Arme, die Beine, die Hutkrempe, die Tasche und die Sterne auf das Pappelsperrholz übertragen.

3 Alle Teile aussägen, schleifen und die Bohrungen vornehmen.

4 Die Teile gemäß Abbildung anmalen. Den Hut der Hexe, den Körper und die Schuhe mit dem Schwamm in Elfenbein überwischen, Gesicht und Hände mit Zimt und die Sterne mit Dunkelorange.

5 Eine Bastschleife binden. Die Schleife, die Sterne, die Tasche und die Knöpfe aufleimen.

6 Arme und Beine mit sechs Drahtabschnitten, je 5 cm lang, am Körper befestigen und den restlichen Draht als Aufhänger anbringen.

7 Das Gesicht mit dem Filzstift aufmalen und die Wangen mit dem Buntstift röten.

Tipp: Sie können der Hexe für Halloween noch ein Schild mit „Halloween“ oder „Zur Hexenparty“ an die Hände binden.

Gespenst mit Laterne

→ und Kürbisfreunden

MOTIVHÖHE
40 cm

MATERIAL

- 9 Kiefernleisten, 7 mm x 3,5 cm, 38 cm lang
- 5 Kiefernleisten, 3 mm x 1 cm, 31 cm lang (Verbindung)
- Kiefernleiste, 1,2 cm x 1,2 cm, 18 cm lang
- Holzbrett (Fuß), 1,9 cm stark, 13 cm x 29 cm
- Pappelsperrholz, 5 mm stark, 20 cm x 30 cm
- Acrylfarbe in Elfenbein, Gelb, Dunkelorange, Zimt, Weiß, Braun, Grün und Schwarz
- Rundstab, ø 6 mm, 19 cm lang
- geglühter Bindedraht, ø 0,65 mm, 15 cm lang
- geglühter Bindedraht, ø 1,65 mm, 20 cm lang
- Laterne, 7 cm x 7 cm x 12 cm
- 2 Schrauben, ø 2 mm, 2,5 cm lang

VORLAGENBOGEN 2B

1 Aus den Leisten den Lattenrohling herstellen.

2 Das Gespenst vom Vorlagenbogen auf den Lattenrohling übertragen. Den Arm, die Kürbisse und die Nase auf Pappelsperrholz übertragen.

3 Alle Teile aussägen, schleifen und die Bohrungen vornehmen.

4 Das Gespenst gemäß Abbildung anmalen. Den Körper mit dem Schwamm in Zimt überwischen. Die Kürbisse gelb anmalen und Dunkelorange in die nasse Farbe ziehen. Die Kürbisse, den Arm und die Nase aufleimen. Die Gesichter aufmalen.

5 Den Laternenstab anmalen, ein Loch, ø 2 mm, in den Stab bohren. Den Bindedraht, ø 1,65 mm, in die Bohrung stecken und fünfmal um den Stab wickeln. Das Drahtende als Haken umbiegen.

6 Die Kiefernleiste, 1,2 cm x 1,2 cm, von der Rückseite an den unteren Rand des Gespenstes leimen. Die Bodenplatte anschrauben und die Laterne anhängen.

Tipp: Bei Einsatz des Malschwammes sollten Sie immer an den Kanten Ihres Werkstückes beginnen. Erst wenn fast gar keine Farbe mehr im Schwamm ist über die Oberflächen wischen.

Happy Halloween

→ freundlicher Kürbis

MOTIVHÖHE
24 cm

MATERIAL
- 5 Kiefernleisten, 7 mm x 4,2 cm, 18 cm lang
- 2 Kiefernleisten, 3 mm x 1 cm, 22 cm lang (Verbindung)
- Pappelsperrholz, 5 mm stark, 15 cm x 25 cm
- Acrylfarbe in Elfenbein, Grün, Gelb, Orange, Nougat und Schwarz
- geglühter Bindedraht, ø 0,65 mm, 75 cm lang
- Bast in Natur

VORLAGENBOGEN 3 A

1 Aus den Leisten den Lattenrohling herstellen.

2 Den Kürbis vom Vorlagenbogen auf den Lattenrohling übertragen. Das Schild und die Blätter auf das Pappelsperrholz übertragen.

3 Alle Teile aussägen, schleifen und die Bohrungen vornehmen.

4 Die Teile gemäß Abbildung anmalen. Den Kürbis und die Blätter mit dem Schwamm in Elfenbein überwischen, das Schild in Nougat.

5 Zwei Bastschleifen binden.

6 50 cm Draht als Aufhänger anbringen. Die Bastschleifen daran befestigen. Die Blätter mit zwei Drahtabschnitten, je 5 cm lang, am Kürbis fixieren. Den restlichen Draht zum Verbinden von Schild und Kürbis verwenden.

7 Das Gesicht und die Schrift aufmalen.

Tipp: Sie können natürlich auch einen anderen Schriftzug darauf schreiben.

Happy
Halloween

Vogelscheuche

→ bei der Arbeit!

MOTIVHÖHE
40 cm

MATERIAL
- 7 Kiefernleisten, 6 mm x 2,7 cm, 40 cm lang
- 5 Kiefernleisten, 3 mm x 1 cm, 19 cm lang (Verbindung)
- Kiefernleiste (Stecker), 6 mm x 2,7 cm, 50 cm lang
- Pappelsperrholz, 5 mm stark, 20 cm x 20 cm
- Acrylfarbe in Elfenbein, Ocker, Nougat, und Grün
- geglühter Bindedraht, ø 0,65 mm, 40 cm lang
- Bast in Natur
- 2 Knöpfe in Braun, ø 1,5 cm
- Rechen in Rost, 15 cm lang
- Gießkanne in Rost, ø 7 cm, 11 cm hoch

VORLAGENBOGEN 3B

1 Aus den Leisten den Lattenrohling herstellen.

2 Die Scheuche vom Vorlagenbogen auf den Lattenrohling übertragen. Die Arme, die Hutkrempe, die Flicken und die Tasche auf das Pappelsperrholz übertragen.

3 Alle Teile aussägen, schleifen und die Bohrungen vornehmen.

4 Die Teile gemäß Abbildung anmalen. Die Scheuche mit dem Schwamm mit Elfenbein überwischen, Gesicht und Hände mit Nougat.

5 Mit fünf Drahtabschnitten, je 5 cm lang, die Arme und den Rechen an der Scheuche befestigen. Mit dem restlichen Draht die Gießkanne aufhängen.

6 Drei kleine Bastbündel herstellen. Die Bastbündel, die Flicken, die Knöpfe und die Hutkrempe aufleimen. Den Stecker auf der Rückseite der Scheuche befestigen.

7 Das Gesicht und die Strukturlinien mit dem Filzstift aufmalen und die Wangen mit dem Buntstift.

Tipp: **Wenn die Vogelscheuche bei Ihnen wirklich Vögel vertreiben soll, ersetzen Sie die Gießkanne und den Rechen durch flatternde, reflektierende Metallfolienstreifen.**

Herz mit Schneemännern

→ Willkommensgruß

MOTIVHÖHE
21 cm

MATERIAL
- 6 Kiefernleisten, 7 mm x 3,5 cm, 15 cm lang
- 2 Kiefernleisten, 3 mm x 1 cm, 21 cm lang (Verbindung)
- Pappelsperrholz, 5 mm stark, 8 cm x 24 cm
- Pappelsperrholz, 6 mm stark, 10 cm x 10 cm
- Acrylfarbe in Elfenbein, Orange, Indigoblau, Hellblau, Nougat und Schwarz
- geglühter Bindedraht, ø 0,65 mm, 65 cm lang
- Clematisranke
- Stoffrest, 2 cm x 1 cm

VORLAGENBOGEN 3 A

1 Aus den Leisten den Lattenrohling herstellen.

2 Das Herz vom Vorlagenbogen auf den Lattenrohling übertragen.

3 Das Schild auf das dünne, die Schneemänner auf das stärkere Pappelsperrholz übertragen.

4 Alle Teile aussägen, schleifen und die Bohrungen vornehmen.

5 Die Teile gemäß Abbildung anmalen. Das Herz mit dem Schwamm in Elfenbein überwischen, das Schild in Blau.

6 Die Schneemänner aufleimen. Die Schneekristalle aufmalen und das Schild beschriften.

7 Die Clematisranke mittig mit Bindedraht zusammenfassen.

8 Aus dem Stoffrest eine Schleife legen und ebenfalls mit Draht zusammenbinden. Ranke und Schleife aufeinander kleben und auf dem Herz fixieren.

9 50 cm Bindedraht als Aufhänger am Schild befestigen, die Enden zu Spiralen drehen. Mit zwei Drahtabschnitten, je 5 cm lang, das Herz und das Schild miteinander verbinden.

Tipp: Das Herz können Sie nicht nur als eigenständigen Türschmuck verwenden, es lässt sich auch gut als Ergänzung an einen Türkranz hängen.

Welcome

Weihnachtsmann

→ mit Sternchengirlande

MOTIVHÖHE
31 cm

MATERIAL
- 3 Kiefernleisten, 6 mm x 3,5 cm, 29 cm lang
- 5 Kiefernleisten, 3 mm x 1 cm, 13 cm lang (Verbindung)
- Holzbrett (Fuß), 1,9 cm stark, 4,5 cm x 12 cm
- Pappelsperrholz, 3 mm stark, 15 cm x 15 cm
- Pappelsperrholz, 6 mm stark, 5 cm x 15 cm
- Acrylfarbe in Elfenbein, Nougat, Gelb, Dunkelorange, Rot und Schwarz
- geglühter Bindedraht, ø 0,65 mm, 70 cm lang
- 2 Schrauben, ø 2 mm, 2,5 cm lang

VORLAGENBOGEN 3B

1 Aus den Leisten den Lattenrohling herstellen.

2 Den Weihnachtsmann vom Vorlagenbogen auf den Lattenrohling übertragen.

3 Die Arme, den Bart, den Jacken- und Hosenbesatz und die Bommel auf das 3 mm starke, die Sterne auf das 6 mm starke Pappelsperrholz übertragen.

4 Alle Teile aussägen, schleifen und die Bohrungen vornehmen.

5 Die Teile gemäß Abbildung anmalen. Den Weihnachtsmann mit dem Schwamm in Elfenbein überwischen. Alle in Elfenbein angemalten Teile mit Nougat überwischen. Die Sterne in Gelb anmalen und Dunkelorange in die nasse Farbe ziehen.

6 Bart, Bommel, Jacken- und Hosenbesatz sowie Stiefel aufleimen. Die Arme mit vier Drahtabschnitten, je 5 cm lang, am Körper befestigen. Auf den restlichen Draht die Sterne fädeln, die Abschnitte zu Spiralen drehen und die Girlande an den Händen anbringen.

7 Das Gesicht mit dem Filzstift aufmalen.

8 Die Bodenplatte anschrauben.

Tipp: Lassen Sie die Sternengirlande weg und geben Sie Ihrem Weihnachtsmann einen Jutesack in die Hand. Das ist sicherlich auch eine wirkungsvolle Dekorationsvariante.

Weihnachtsbaum

→ im amerikanischen Stil

MOTIVHÖHE
44 cm

MATERIAL

- 7 Kiefernleisten, 6 mm x 3,5 cm, 44 cm lang
- 6 Kiefernleisten, 3 mm x 1 cm, 27 cm lang (Verbindung)
- Kiefernleiste, 1,2 cm x 1,2 cm, 7 cm lang
- Holzbrett (Fuß), 1,9 cm stark, 12 cm x 26 cm
- Pappelsperrholz, 5 mm stark, 12 cm x 20 cm
- Acrylfarbe in Elfenbein, Gelb, Rot und Grün
- Myrthendraht in Braun, ø 0,35 mm
- 6 Stoffflicken, 2 cm x 4 cm
- 2 Schrauben, ø 2 mm, 2,5 cm lang

VORLAGENBOGEN 4A

1 Aus den Leisten den Lattenrohling herstellen.

2 Den Baum vom Vorlagenbogen auf den Lattenrohling übertragen. Die Herzen, die Zuckerstäbe und die Kerzen auf Pappelsperrholz übertragen.

3 Alle Teile aussägen, schleifen und die Bohrungen am Fuß vornehmen.

4 Die Teile gemäß Abbildung anmalen. Den Baum mit dem Schwamm in Elfenbein überwischen.

5 Die Kanten der Herzen und Kerzen anschleifen.

6 Die Stoffflicken mittig mit Myrthendraht zusammenfassen. Die Herzen, Stoffschleifen, Zuckerstäbe und Kerzen aufleimen.

7 Die Leiste (1,2 cm x 1,2 cm) an den unteren Tannenrand auf die Rückseite der Tanne leimen. Die Bodenplatte anschrauben.

Tipp: **Der Baum kann auch ganz bunt gestaltet werden. Haben Sie Mut zur Farbe!**

Weihnachtsstern

→ mit Schneemann

MOTIVHÖHE
25 cm

MATERIAL
- 5 Kiefernleisten, 7 mm x 4,2 cm, 25 cm lang
- 2 Kiefernleisten, 3 mm x 1 cm, 25 cm lang (Verbindung)
- Pappelsperrholz, 5 mm stark, 15 cm x 12 cm
- Acrylfarbe in Elfenbein, Gelb, Orange, Rot und Grün
- geglühter Bindedraht, ø 0,65 mm, 60 cm lang
- Clematisranke
- Stoffrest, 3 cm x 6 cm
- Schneespray

VORLAGENBOGEN 4A

1 Aus den Leisten den Lattenrohling herstellen.

2 Den Stern vom Vorlagenbogen auf den Lattenrohling übertragen. Den Schneemann, die Hände, die Nase und den Mützenrand auf das Pappelsperrholz übertragen.

3 Alle Teile aussägen, schleifen und die Bohrungen vornehmen.

4 Die Teile gemäß Abbildung anmalen. Den Stern in Gelb anmalen und in die nasse Farbe Orange hineinziehen.

5 50 cm Bindedraht als Aufhänger befestigen, die Enden zu Spiralen wickeln. Den Schneemann, die Nase, die Hände und den Mützenrand aufleimen.

6 Das Gesicht mit dem Filzstift aufmalen. Mit einem Wattestäbchen weiße Punkte auf den Schal tupfen.

7 Die Clematisranke mit etwas Draht mittig zusammenfassen, ebenso den Stoffflicken. Beides aufeinander auf dem Stern befestigen. Den Stern mit Schneespray besprühen.

Tipp: Statt dem Stern sein winterliches Aussehen durch Schneespray zu geben, können Sie auch Strukturschnee verwenden. Das ist eine Farbe, die mit dem Pinsel aufgetragen wird.

Süßer Engel

→ nach vielen Weihnachtsplätzchen

MOTIVHÖHE
24 cm

MATERIAL
- 7 Kiefernleisten, 6 mm x 2,7 cm, 15 cm lang
- 3 Kiefernleisten, 3 mm x 1 cm, 19 cm lang (Verbindung)
- Holzbrett (Fuß), 1,9 cm stark, 18 cm x 4,5 cm
- Pappelsperrholz, 4 mm stark, 25 cm x 25 cm
- Acrylfarbe in Elfenbein, Grün, Zimt, Gold und Schwarz
- geglühter Bindedraht, ø 0,65 mm, 50 cm lang
- Bast in Natur
- Stoffrest, 2 cm x 5 cm
- 2 Schrauben, ø 2 mm, 3 cm lang

VORLAGENBOGEN 4 B

1 Aus den Leisten den Lattenrohling herstellen.

2 Den Engel vom Vorlagenbogen auf den Lattenrohling übertragen. Kopf, Flügel, Arme, Füße und den Stern auf Pappelsperrholz übertragen.

3 Alle Teile aussägen, schleifen und die Bohrungen vornehmen.

4 Den Engel gemäß Abbildung anmalen. Den Körper mit dem Schwamm in Elfenbein überwischen. Die Flügel, das Gesicht und die Hände in Zimt überwischen.

5 Die Flügel und den Kopf mit sieben Drahtabschnitten, je 5 cm lang, am Körper befestigen.

6 Mit dem restlichen Draht die Arme fixieren. Zwei Bastschleifen, 3 cm breit, binden und ein Bastbündel, 8 cm breit, herstellen.

7 Füße auf die Bodenplatte leimen und den Engel anschrauben. Stern, Bastschleifen und Bastbündel mit Stoffflicken festkleben.

8 Die Wangen mit dem Buntstift aufmalen.

Tipp: Als Haare eignen sich auch Sisalgras oder Engelshaar.

Schneemann

→ warm angezogen

MOTIVHÖHE
36 cm

MATERIAL
- 6 Kiefernleisten, 6 mm x 2,7 cm, 35 cm lang
- 5 Kiefernleisten, 3 mm x 1 cm, 18 cm lang (Verbindung)
- Kiefernleiste, 1,2 cm x 1,2 cm, 5 cm lang
- Holzbrett, 1,9 cm stark, 8,5 cm x 19,5 cm (Fuß)
- Pappelsperrholz, 6 mm stark, 25 cm x 20 cm
- Acrylfarbe in Elfenbein, Nougat, Grün und Schwarz
- geglühter Bindedraht, ø 0,65 mm, 20 cm lang
- Kupferdraht, ø 0,3 mm, 50 cm lang
- 3 Metallsterne in Rost, ø 7 cm
- Clematisranke
- Ilexgirlande, 10 cm lang
- Beeren in Orange
- Stoffrest, 3,5 cm x 6 cm
- 2 Schrauben, ø 2 mm, 2,5 cm lang
- Heißklebepistole

VORLAGENBOGEN 4B

1 Aus den Leisten den Lattenrohling herstellen.

2 Den Schneemann vom Vorlagenbogen auf den Lattenrohling übertragen. Die Arme, den Schal und die Hutkrempe auf das Pappelsperrholz übertragen.

3 Alle Teile aussägen, schleifen und die Bohrungen vornehmen.

4 Die Teile gemäß Abbildung anmalen. Die Jacke und den Hut mit dem Schwamm in Elfenbein überwischen. Alle in Elfenbein angemalten Teile mit Nougat überwischen.

5 Schal und Hutkrempe aufleimen. Die Arme mit je 5 cm langen Drahtstücken am Körper befestigen. Auf den Kupferdraht die Sterne fädeln, in den Abständen Spiralen drehen und die Girlande an den Händen anbringen.

6 Das Gesicht mit dem Filzstift aufmalen und die Wangen mit dem Buntstift röten.

7 Die Kiefernleiste, 1,2 cm x 1,2 cm, auf der Rückseite an den unteren Schneemannrand leimen. Die Bodenplatte anschrauben.

8 Die Clematisranke und den Stoff mittig mit Draht zusammenfassen. Die Ranke mit der Schleife, den Beeren und der Ilexgirlande mit Heißkleber auf den Schneemann kleben.

Tipp: Sie können Ihrem Schneemann auch einen Besen in die Hand geben. Nehmen Sie einen Astabschnitt, 20 cm lang, und wickeln Sie etwas Heu oder eine Clematisranke mit Bindedraht daran.

Elch mit Weihnachtsstrumpf

→ freut sich auf Lebkuchen

MOTIVHÖHE
36 cm

MATERIAL
- 4 Kiefernleisten, 6 mm x 4,2 cm, 34 cm lang
- 7 Kiefernleisten, 3 mm x 1 cm, 13 cm lang (Verbindung)
- Holzbrett, 1,9 cm stark, 15 cm x 4,5 cm (Fuß)
- Pappelsperrholz, 3 mm stark, 25 cm x 15 cm
- Acrylfarbe in Elfenbein, Rot, Dunkelgrün, Zimt, Nougat und Schwarz
- 2 Knöpfe in Rot, ø 1 cm
- geglühter Bindedraht, ø 0,65 mm, 40 cm lang
- 2 Schrauben, ø 2 mm, 3 cm lang

VORLAGENBOGEN 2A

1 Aus den Leisten den Lattenrohling herstellen.

2 Den Elch vom Vorlagenbogen auf den Lattenrohling übertragen. Schnauze, Socke, Stiefel und Stiefelränder auf das Pappelsperrholz übertragen.

3 Alle Teile aussägen, schleifen und die Bohrungen vornehmen.

4 Den Elch gemäß Abbildung anmalen. Mit dem Malschwamm die angemalten Flächen in Elfenbein überwischen.

5 Schnauze, Sockenrand, Stiefelrand, Stiefelspitze und Knöpfe aufleimen. Die Arme mit fünf Drahtstücken, je 5 cm lang, am Körper befestigen. An dem restlichen Draht den Socken am Elch anhängen. Den Draht zu Spiralen drehen.

6 Das Gesicht mit dem wasserfesten Filzstift aufmalen.

7 Die Bodenplatte anschrauben.

Tipp: **Sie können die Knöpfe auch mit Heißkleber auf dem Elch befestigen. Sie haben dann schneller Halt, da sie genau zwischen zwei Latten platziert werden.**

Nikolaus

→ mit Tanne

MOTIVHÖHE
53 cm

MATERIAL
- 5 Kiefernleisten, 6 mm x 1,7 cm, 52 cm lang
- 7 Kiefernleisten, 3 mm x 1 cm, 11 cm lang (Verbindung)
- Holzbrett, 1,9 cm stark, 7,5 cm x 18 cm (Fuß)
- Pappelsperrholz, 6 mm stark, 25 cm x 25 cm
- Acrylfarbe in Elfenbein, Nougat, Grün, Rot und Schwarz
- geglühter Bindedraht, ø 0,65 mm, 50 cm lang
- Bast in Natur
- 2 Knöpfe in Schwarz, ø 1,5 cm
- 2 Schrauben, ø 2 mm, 2,5 cm lang

VORLAGENBOGEN 1A

1 Aus den Leisten den Lattenrohling herstellen.

2 Den Weihnachtsmann vom Vorlagenbogen auf den Lattenrohling übertragen.

3 Die Arme, den Bart, den Mützen- und Mantelbesatz, die Bommel, das Schild, den Stiefel und die Tanne auf das Pappelsperrholz (6 mm) übertragen.

4 Alle Teile aussägen, schleifen und die Bohrungen vornehmen.

5 Die Teile gemäß Abbildung anmalen. Alle rot und grün angemalten Teile mit dem Schwamm in Elfenbein überwischen. Alle in Elfenbein angemalten Teile mit Nougat überwischen.

6 Mantel- und Mützenbesatz, Bart, Bommel und Knöpfe aufleimen. Die Arme mit je 5 cm langen Drahtstücken am Körper befestigen. Den restlichen Draht als Aufhänger für das Schild verwenden und die Enden zu Spiralen drehen. Das Schild an der Hand befestigen.

7 Das Gesicht und die Schildbeschriftung mit dem Filzstift aufmalen, die Nase und die Wangen mit dem Buntstift röten.

8 Die Bodenplatte anschrauben. Eine kleine Bastschleife binden. Den Stiefel und den Baum mit Bastschleife vor den Weihnachtsmann kleben.

Tipp: Verwenden Sie zum Aufleimen des Baumes und des Stiefels eine Schraubzwinge. Da die Klebefläche sehr klein ist, könnte sich die Verklebung sonst leicht lösen.

Merry Christmas

→ herzlicher Wunsch

1 Aus den Leisten den Lattenrohling herstellen.

2 Das Herz vom Vorlagenbogen auf den Lattenrohling übertragen. Das Schild auf das 5 mm starke Pappelsperrholz übertragen. Die Bäume, den Weihnachtsmann und die Sterne auf das 6 mm starke Pappelsperrholz übertragen.

3 Alle Teile aussägen, schleifen und die Bohrungen vornehmen.

4 Die Teile gemäß Abbildung anmalen. Das Herz mit dem Schwamm in Elfenbein überwischen. Das Schild mit dem Schwamm rot betupfen.

5 Die Kanten des Weihnachtsmanns, der Sterne und der Tannen abschleifen und die Teile auf das Herz leimen.

6 Das Dschungelmoos und die Reiserscheiben um den Weihnachtmann arrangieren.

7 Zwei Bastschleifen binden. Diese mit 50 cm Bindedraht als Aufhänger am Schild befestigen und anschließend die Enden zu Spiralen drehen. Das Schild mit dem Filzstift beschriften.

8 Mit zwei Drahtstücken, je 5 cm lang, das Herz und das Schild miteinander verbinden und zu Spiralen drehen.

Tipp: Wie wäre es statt mit einem roten Weihnachtsmann mit einem blauen? Er würde etwas mehr Kontrast in die Dekoration bringen. Der Ursprungs-Weihnachtsmann soll ja schließlich einmal blau gewesen sein!

WEITERFÜHRUNG

Merry Christmas

MOTIVHÖHE
21 cm

MATERIAL
- 6 Kiefernleisten, 7 mm x 3,5 cm, 15 cm lang
- 2 Kiefernleisten, 3 mm x 1 cm, 21 cm lang (Verbindung)
- Pappelsperrholz, 5 mm stark, 8 cm x 24 cm
- Pappelsperrholz, 6 mm stark, 10 cm x 15 cm
- Acrylfarbe in Elfenbein, Gelb, Rot, Nougat, Grün und Schwarz
- geglühter Bindedraht, ø 0,65 mm, 60 cm lang
- Bast in Natur
- Dschungelmoos in Braun
- 5 Reiserscheiben, ø 1 cm

VORLAGENBOGEN
3 A

DIESES BUCH ENTHÄLT 4 VORLAGENBOGEN

IMPRESSUM

FOTOS: frechverlag GmbH, 70499 Stuttgart; Fotostudio Ullrich & Co., Renningen
DRUCK: frechdruck GmbH, 70499 Stuttgart

Auflage: 5. 4. 3. 2. 1.
Jahr: 2009 2008 2007 2006 2005 [Letzte Zahlen maßgebend]

ISBN 3-7724-3390-1
Best.-Nr. 3390